HISTOIRE

D'UNE MÈRE

Propriété des Éditeurs,

HISTOIRE
D'UNE MÈRE

SUIVI DE

LE CANETON, LE MAUVAIS PRINCE,
LES SOULIERS ROUGES, LES CIGOGNES,

PAR ANDERSEN

Traduit du Danois.

TOURS

A᪳ MAME ET Cⁱᴱ, IMPRIMEURS-LIBRAIRES
—
1853

HISTOIRE D'UNE MÈRE

Une mère était assise auprès de son jeune enfant; le chagrin se peignait sur son visage, elle pensait que peut-être il allait mourir. En effet, l'enfant était pâle, ses petits yeux se fermaient, sa respiration était faible, et quelquefois traînante comme un gémissement.

La mère contemplait cette pauvre créature avec des regards pleins de tristesse.

En ce moment on frappa à la porte, et un pauvre homme âgé s'y présenta, enveloppé dans une sorte de houppelande fourrée, car il était glacé par le froid. L'hiver était rigoureux, la campagne couverte de neige; le vent soufflait à couper le visage aux voyageurs.

Voyant ce vieillard qui tremblait de froid, la mère profita d'un moment où l'enfant reposait, pour verser de la bière dans un petit pot qu'elle offrit à son hôte, en l'invitant à se réchauffer à son foyer. Le vieillard était assis et berçait l'enfant; la mère se plaça tout près de lui, sur un siége, observant son enfant qui respirait péniblement et agitait ses petites mains.

« Ne croyez-vous pas, comme moi, qu'il se rétablira, demanda-t-elle, et que le bon Dieu ne me le prendra pas ? »

Et le vieillard, qui n'était autre que la Mort, fit un signe de tête tellement équivoque qu'on pouvait le prendre également pour un oui et pour un non.

Alors la mère baissa les yeux, et des larmes baignèrent de nouveau son visage. Sa tête s'appesantit (car pendant trois jours et trois nuits elle n'avait pas fermé les paupières) ; elle s'endormit un moment ; puis bientôt elle se leva tremblante de froid.

« Qu'est-ce ? » s'écrie-t-elle. Et elle regarde de tous côtés. Mais le vieillard et le petit enfant n'étaient plus là ; ce dernier avait été emporté par l'autre. En même temps, le balancier de l'horloge cessait de faire entendre son mouvement, et l'horloge s'arrêtait.

La pauvre mère s'enfuit de la maison, appelant à grands cris son enfant. Elle rencontra dehors une femme assise et en deuil. Cette femme lui dit : « C'est la Mort qui quitte ta maison, je l'en ai vue sortir avec ton petit enfant ; elle va plus vite que le vent, et ne rend jamais ce qu'elle a pris.

— Dites-moi seulement quelle route elle suit ! s'écria la mère ; montrez-moi la route, et je retrouverai mon enfant !

— Je la connais, répondit la femme en deuil; mais avant que je te la dise, tu me répèteras toutes les chansons que tu chantais à ton enfant. Je t'aime, je t'ai déjà entendue ; je suis la Nuit, et j'ai vu tes larmes pendant que tu chantais.

— Je te les chanterai toutes, toutes sans exception, dit la mère ; mais ne me retiens pas, pour que je puisse atteindre mon enfant, pour que je puisse le reprendre. »

La Nuit restait muette et silencieuse. La mère, tout en se tordant les mains, chanta; mais son chant était rempli de pleurs.

« Maintenant, dit la Nuit, va-t'en à droite, dans cette sombre forêt de sapins; c'est là que j'ai vu la Mort se diriger avec ton enfant. »

Au milieu de la forêt deux chemins se croisaient, et la mère ne savait plus de quel côté aller. Il y avait là un buisson d'épines dégarni de feuilles et de fleurs; ses branches étaient couvertes de frimas, car le temps était glacial.

« N'as-tu pas vu la Mort passer avec mon enfant? lui demanda la mère.

— Oui, répondit le buisson; mais je ne te dirai pas quelle route elle a suivie avant que tu ne m'aies réchauffé sur ton cœur; je grelotte, et j'ai peur de geler. »

Et elle pressa le buisson contre sa poitrine, pour le réchauffer, avec tant de force que les épines entrèrent profondément dans sa chair, et que son sang coula à grosses gouttes. Aussitôt on vit le buisson pousser des feuilles fraîches et vertes, malgré la rigueur de l'hiver ; tant il y avait de chaleur dans le cœur de cette mère désolée. Le buisson lui indiqua alors la route qu'elle avait à suivre.

Elle arriva sur les bords d'un lac, où il ne se trouvait pas une seule barque ; et d'un autre côté la glace de ce lac n'était pas assez solide pour pouvoir la porter. Le lac avait, en outre, trop de profondeur pour qu'elle pût le passer à gué.

Obligée cependant de le traverser pour retrouver son
enfant, elle se baissa comme
pour en boire toutes les
eaux : tâche impraticable ;
mais elle ne semblait pas
telle à une mère désolée,
qui ne croyait pas que rien
fût impossible.

« Non, cela ne se peut
pas, dit le lac ; voyons
plutôt à nous arranger.
J'aime à recueillir des perles, et tes deux yeux sont
les plus purs que j'aie jamais vus ; si tu veux qu'ils
se fondent dans tes larmes,
ce seront autant de perles

que je recevrai, et je te transporterai dans une grande serre chaude où demeure la Mort, et où elle cultive des fleurs et des arbres, dont chacun représente une vie humaine.

— Oh ! que ne donnerais-je pas pour arriver à mon enfant ! » dit la mère éplorée.

Là-dessus elle recommença à pleurer si fort, que ses yeux tombèrent au fond du lac et devinrent deux magnifiques perles. Le lac alors la souleva comme si elle s'était posée sur une bascule, et elle gagna l'autre rive. Là se trouvait un immense édifice. Étaient-ce des montagnes, des forêts ou des abîmes ? c'est ce que la pauvre mère ne pouvait distinguer, elle dont les yeux s'étaient noyés dans ses pleurs.

« Où trouverai-je donc la Mort, qui est partie avec mon petit enfant ? » demanda-t-elle à la vieille femme du fossoyeur, chargée de veiller sur la grande serre chaude de la Mort.

« Elle n'est pas encore arrivée ici, répondit la vieille

femme. Mais comment as-tu pu trouver ce lieu, et qui t'y a aidé ?

— Le bon Dieu est venu à mon secours, répliqua la mère; il est miséricordieux, et tu le seras aussi. Où puis-je retrouver mon enfant ?

— Je n'en sais rien, dit la femme du fossoyeur, et tu ne peux pas le voir. Beaucoup de fleurs et beaucoup d'arbres ont séché pendant la nuit; la Mort ne tardera pas à venir pour les transplanter. Tu sais que chaque homme a sa fleur et son arbre aussitôt qu'il vient au monde ; sous la forme de végétaux, ces fleurs et ces arbres sentent battre en eux le cœur des humains qu'ils représentent. Tiens-toi là ; peut-être reconnaîtras-tu le battement du cœur de ton enfant. Mais que me donneras-tu si je te dis ce que tu as encore à faire ?

— Je n'ai plus rien à donner, répondit la mère ; mais j'irai pour toi jusqu'au bout du monde.

— Alors je n'ai rien à faire, dit la vieille femme. Cependant, tu peux me donner tes longs cheveux noirs; ils sont beaux, comme tu le sais, et ils me plaisent. Tu recevras en échange les miens, qui sont entièrement blancs; cela vaut mieux que rien.

— Si tu n'exiges que cela, répondit la mère, je te les donne avec plaisir. » Et elle donna à la vieille ses beaux cheveux, en recevant à leur place ceux de la vieille, qui étaient blancs comme neige.

Puis elles allèrent ensemble à la grande serre chaude de la Mort, où les

fleurs et les arbres croissaient pêle-mêle, mais admirablement. On y trouvait,
à côté de jolies hyacinthes
cachées sous des cloches,
des troncs d'arbre vigou-
reux, des plantes aquati-
ques, des palmiers élancés,
des chênes, des platanes,
le persil et le thym en fleur.

Chaque fleur et chaque
arbre avait son nom per-
sonnel, et ils représentaient
des êtres humains, dont les
uns habitaient la Chine, les
autres le Groënland, d'autres
enfin divers points du globe.

La pauvre mère se penchait vers les plus petites plantes, cherchant à y sentir les battements d'un cœur. Enfin, après de longues recherches, elle crut reconnaître le cœur de son enfant.

« Il est là ! » s'écria-t-elle en posant sa main sur un crocus blanc, qui était courbé sur sa tige.

« Ne touche pas à la fleur, dit la femme du fossoyeur ; mais place-toi de ce côté, et lorsque la Mort, que j'attends au premier moment, sera arrivée, défends-lui d'arracher la plante, sous peine d'en arracher d'autres toi-même. Cela lui fera peur; car elle en est responsable devant le bon Dieu, et elle n'ose pas en arracher sans sa permission.

Tout à coup, un froid glacial se répandit dans la salle, et la mère aveugle sentit bien que c'était la Mort qui entrait.

« Comment as-tu pu trouver ta route jusqu'ici? demanda la Mort; et comment as-tu pu y être rendue plus vite que moi?

— Je suis mère, » répondit l'autre.

Et la Mort posa sa longue main sur la petite fleur en l'enveloppant de manière à ce qu'elle ne pût toucher à aucune feuille ; et elle resta ainsi assez longtemps pour sentir que la fleur était plus froide que le vent glacé.

« Tu n'as pas prévalu contre moi, dit-elle à la mère.

— Mais le bon Dieu a prévalu, répondit cette dernière.

— Je ne fais que ce qu'il veut, répondit la Mort. Je suis son jardinier ; je prends toutes ces fleurs et tous ces arbres, et je les transplante dans le grand jardin du Paradis ; mais je ne saurais te dire comment ils y croissent, ni ce qui se passe dans cette région inconnue.

— Rendez-moi mon enfant, » dit la mère ; et elle supplia la Mort les larmes aux yeux. Tout à coup elle saisit de ses deux mains deux jolies fleurs qui se trouvaient près d'elle, et elle cria à la Mort : « J'arracherai toutes vos fleurs, si vous me poussez au désespoir.

— Éloigne-toi, dit la Mort. Tu te dis bien malheureuse, et cependant tu voudrais le malheur d'une autre mère !

— Une autre mère ? » s'écria l'infortunée ; et aussitôt elle lâcha les deux fleurs.

« Voici tes yeux, dit la Mort ; je les ai repêchés dans le lac, où ils brillaient comme des perles. Je ne savais pas qu'ils fussent à toi ; reprends-les ; ils sont encore plus purs qu'auparavant. Regarde au fond de ces puits qui sont tout près de toi ; je te nommerai les deux fleurs que tu as voulu arracher, et tu y apercevras tout leur avenir, toute leur existence terrestre ; tu verras ce que tu voulais anéantir. »

Et en regardant au fond des puits, la mère y aperçut une auréole de bonheur répandue autour d'une des fleurs , laquelle devait procurer au monde une grande félicité. Une autre, au contraire , ne présentait que des scènes de deuil , de désolation et de misères.

« L'un et l'autre sont les

effets de la volonté divine, dit la Mort.

— Quelle est la fleur du malheur, et quelle est celle du bonheur ? demanda la mère.

« Je ne puis te le dire, répondit la Mort ; mais tu dois savoir que l'une de ces fleurs représente le sort et l'avenir de ton enfant.

— Alors, s'écria la mère épouvantée, dites-moi laquelle des fleurs est celle de mon enfant. Sauvez l'innocent ; délivrez-le ; préservez-le de toute misère. Gardez-le toujours, et mettez-le dans le royaume de Dieu. Oubliez mes larmes, oubliez mes prières, tout ce que j'ai dit, tout ce que j'ai fait.

— Je ne te comprends pas, dit la Mort. Veux-tu reprendre ton enfant, ou veux-tu que je le porte dans ce lieu où il se passe des choses que tu ignores ? »

Alors la mère éleva les mains et tomba à genoux.

« O Dieu, dit-elle, ne m'écoutez pas si je réclame contre votre volonté, qui est toujours la meilleure. »

Et elle laissa retomber sa tête sur sa poitrine.

Et la Mort partit avec son enfant pour le pays inconnu.

LE

CANETON CONTREFAIT

—◦—

C'était en été, et l'on
jouissait d'un temps magnifique ; le blé jaunissait auprès de l'avoine encore
verte ; des meules de foin
surgissaient çà et là dans
les prairies ; et la cigogne se
promenait sur ses longues
jambes rouges en claquant

du bec à l'égyptienne, langue qu'elle avait apprise de sa mère.

Les champs et les prés étaient entourés de leur ceinture de forêts ver- doyantes, qui se miraient dans de vastes lacs. En un mot, toute la campagne présentait un aspect ravis- sant.

On y découvrait un vieux manoir seigneurial, tourné vers les rayons du midi, et dont les murailles, entou- rées de fossés profonds, se trouvaient couvertes, jusqu'à fleur de l'eau, de bardanes tellement élevées, que les petits enfants pouvaient se tenir debout sous leurs grandes tiges. Du reste, l'endroit était aussi désert que le milieu des forêts les plus épaisses.

Là on voyait une cane posée sur le nid où devaient éclore ses petits ; mais elle s'ennuyait fort en attendant leur naissance, et elle recevait rarement des visites. Les autres canards aimaient mieux nager dans les fossés que d'aller babiller tranquillement à l'ombre d'une bardane.

Enfin les œufs s'ouvrirent l'un après l'autre, le cri *pi, pi,* se fit entendre, et tous les jaunes, transformés en canetons, montrèrent leurs têtes hors de la coquille.

« *Can, can,* » disait la mère cane. Et à ce cri tous les petits répondirent comme ils purent, en regardant de tous côtés au fond des feuilles vertes ce que la mère leur permettait pour récréer leur vue.

« Oh ! comme le monde est grand ! » dirent-ils tous; car déjà chacun d'eux possédait un espace bien autre que celui qu'il avait dans l'œuf.

« Croyez-vous donc que vos yeux embrassent le monde entier ? dit la mère. Il s'étend encore bien loin de l'autre côté du jardin et du champ de M. le curé ; mais je n'y suis jamais allée. Êtes-vous tous présents ? » Et elle s'arrêta tout à coup en s'écriant : « Non, je n'ai pas mon compte ; le plus gros de mes œufs n'est pas éclos. Combien cela durera-t-il ? je commence à être lasse d'attendre. » Mais elle se remit à couver de nouveau.

« Eh bien ! comment ça va-t-il ? dit un vieux canard, qui venait lui faire visite.

— Un de mes œufs est bien en retard, répondit la mère ; et il ne veut pas se casser. Mais regardez les autres, ne sont-ce pas les plus jolis canetons qui se soient jamais vus ? Ils ressemblent tous à leur père, qui, le monstre, ne songe pas à venir me voir.

— Laissez-moi voir l'œuf qui ne veut pas éclore, dit

le vieux canard ; croyez-
m'en, c'est un œuf vide ; il
m'est arrivé une fois quelque
chose de pareil, et j'ai eu
beaucoup de peine avec les
petits qui, s'inquiétant à la
vue de l'eau, ne voulaient
point sortir, bien que j'eusse
crié et tempêté. Faites-moi
voir cet œuf. Oui, c'est un
œuf vide. Laissez-le où il
est, et occupez-vous plutôt
d'apprendre à nager aux
autres petits.

— Je veux rester encore
sur lui un peu, répliqua la
mère ; j'y ai passé assez de
temps pour que quelques

moments de plus ne me coûtent pas beaucoup.

—Comme il vous plaira,» dit le vieux canard ; et il s'en alla.

Enfin le gros œuf s'ouvrit, et le caneton commençant à paraître se mit à crier *pi*, *pi* ; il était bien lourd et bien laid, ce que sa mère elle-même ne put s'empêcher de remarquer.

« C'est pourtant bien un petit canard, dit-elle, quoique d'une tournure peu ordinaire ; je n'en ai jamais vu de pareil. Serait-il d'une autre race ? Nous le saurons bientôt, lorsqu'il se sera mis à l'eau avec moi. »

Le jour suivant, il faisait un temps superbe, et le soleil dardait ses rayons sur les bardanes vertes. La mère cane, s'étant rendue avec toute sa famille au canal, ne tarda pas à sauter dans l'eau. « *Can, can,* » disait-elle. Et les petits plongèrent si bien, l'un après l'autre, que l'eau les couvrait entièrement; puis ils revenaient à la surface et nageaient admirablement.

« Oui, il est bien de la race des canards, dit la

mère ; regardez comme il joue habilement des pattes et comme il se tient bien ; il n'y a pas à en douter, c'est mon enfant, et une jolie créature, ma foi, à y regarder de près. *Can, can,* viens çà, je t'introduirai dans le grand monde, et je te présenterai à la basse-cour. Mais tiens-toi près de moi, de peur qu'on ne t'écrase, et que le chat ne te croque. »

C'est ainsi qu'ils entrèrent dans la basse-cour des canards. Il s'y livrait en ce moment une lutte acharnée entre deux familles, au sujet d'une tête d'anguille dont le chat s'empara finalement.

« Ce que c'est que le monde ! » dit la cane. Et elle affila son bec, car elle eût bien voulu avoir aussi sa part de la tête d'anguille. « Maintenant jetez vos pattes en arrière, continua-t-elle, et baissez la tête pour saluer ce vieux canard qui se distingue là entre tous ; à sa taille mince on devine qu'il est de race espagnole. Voyez ce lambeau rouge à sa patte ; c'est la plus grande distinction qui puisse être accordée à un canard. Hâtez-vous, et ne tournez pas vos pattes en dedans; un caneton bien élevé les tient en dehors, à l'exemple de ses père et mère; vous n'avez qu'à faire comme moi : baissez la tête et criez *can*, *can*. »

Les petits obéirent à leur mère; mais les autres canards, réunis autour d'eux, les observaient en disant tout haut : « Vous allez donc recevoir des recrues? comme si nous n'étions pas déjà assez nombreux. Et puis, voyez comme un de ces

petits est difforme. Le souf-
frirons-nous à nos côtés ? »
Et ils avaient à peine achevé
ces mots, que l'un d'entre
eux s'élança sur le caneton
difforme, et le mordit à la
nuque.

« Laissez-le tranquille,
dit la mère; il ne fait de
mal à personne.

— Non; mais il est trop
gros et tout contrefait, dit
le canard qui l'avait mordu;
il faut bien le redresser.

— Ce sont là de jolis
enfants, dit le vieux canard
au lambeau rouge. A l'exception d'un seul, ils sont tous

fort gentils; c'est dommage que celui-là ne puisse pas être remis au moule.

— C'est impossible, Monsieur, répliqua la mère tant soit peu mortifiée. D'ailleurs, s'il n'est pas beau, il est dans les meilleurs principes, et il nage aussi bien que les autres; j'ose même dire qu'il nage mieux. Avec le temps il deviendra beau et plus mignon; s'il n'a pas une taille régulière, c'est qu'il est resté trop longtemps dans l'œuf. » Puis la mère le prit par le cou, l'attira à elle et se mit à caresser son plumage. « Du reste, ajouta-t-elle, il est trop faible pour faire de mal à personne. J'espère qu'il deviendra comme tout le monde, et déjà il ne craint pas d'aller avec les autres.

— Ses petits frères sont charmants, reprit le vieux canard. Maintenant, à votre aise, faites comme si vous étiez chez vous ; et si vous trouvez une tête d'anguille, je vous permets de me l'apporter. »

Bien qu'en effet ils fussent comme chez eux, cependant le pauvre caneton sorti le dernier de l'œuf, et si mal tourné, fut bientôt traqué, mordu et maltraité par les canards et par les poules. « Est-il gros ! » disaient-ils tous à l'unisson ; et un cochet qui, avec des éperons naissants, se croyait déjà un empereur, s'enflant comme un navire sous toutes ses voiles, se jeta sur lui hérissé de colère. Le pauvre caneton, hué et conspué par toute la basse-cour, ne savait où se fourrer ni où donner de la tête.

Ainsi se passa le premier jour, et la suite fut encore

pire. Le pauvre caneton se voyait repoussé de toutes parts. Il n'y eut pas jusqu'à ses frères qui se condui-sirent fort mal à son égard, et qui ne cessaient de répé-ter : « Que le chat emporte cette vilaine bête ! » Sa mère, sa mère elle-même regrettait de l'avoir mis au monde, et la fille de basse-cour le chassait à coups de pied.

Enfin un beau jour il s'envola par-dessus l'enclos. Sa vue effraya les petits oiseaux, qui abandonnaient les buissons. « Cela vient,

pensa-t-il, de ma laideur. »
Et il baissa les yeux. Mais
il n'en continua pas moins
à voler, et il arriva à un
vaste marais qu'habitaient
les canards sauvages. Acca-
blé de fatigue et de chagrin,
le pauvre oiseau y reposa
toute la nuit.

Le lendemain matin, des
canards sauvages, en s'envo-
lant, aperçurent leur nouveau camarade, et lui de-
mandèrent : « Qui es-tu
donc ? » Alors le caneton
se tourna de tous côtés en
distribuant force saluts et
politesses. « Tu es d'une

laideur peu ordinaire, lui dirent les vieux canards. Mais peu nous importe, pourvu que tu ne songes pas à prendre femme chez nous. »

Mais le pauvre caneton était bien loin de songer au mariage ; il désirait seulement qu'on lui permît de se coucher parmi les joncs et de barboter un peu dans le marais.

Il resta donc là pendant deux jours, après lesquels parurent deux oies sauvages, ou plutôt deux jars, car c'étaient des mâles. Tout

fraîchement éclos, ils avaient
la turbulence de la jeunesse.
« Écoute, l'ami, dirent-ils,
tu n'es pas beau ; mais c'est
égal, nous avons pitié de
toi. Veux-tu venir avec nous ?
tu nous serviras de guide.
Il y a tout près d'ici, là-bas,
dans ce marais, quelques
oies sauvages, bien douces
et bien aimables ; qui sait ?
malgré ta laideur, elles te fe-
ront peut-être bon accueil. »

En ce moment on enten-
dit *piff*, *paff*, au milieu des
joncs ; les deux jars tombèrent morts, et l'eau fut
rougie de leur sang. Mais

voilà le même bruit qui
retentit de nouveau, et une
foule d'oiseaux qui s'en-
volent au milieu de ce tir
continuel. C'était une grande
chasse ; les chasseurs étaient
à l'affût tout autour du marais, et quelques-uns grim-
pés sur les arbres qui
avançaient au-dessus des
roseaux. Une vapeur blanche
se répandait, pareille à un
brouillard, du milieu du
sombre feuillage des arbres
et planait sur l'eau. Les
chiens se jetaient en aboyant
dans le marais, et les roseaux pliaient de tous côtés.

Ce fut un rude moment pour notre pauvre caneton, qui, en tournant la tête pour se la cacher sous l'aile, aperçut devant lui un formidable limier à la gueule béante et aux yeux ardents. Il ne fit cependant que montrer au caneton ses dents menaçantes et aboyer un peu; après quoi il repartit sans lui avoir fait aucun mal.

« Grâce à Dieu, dit le pauvre oiseau en gémissant, et grâce à ma tournure, les chiens eux-mêmes font fi de moi. » Et il resta au milieu de la grêle de balles qui pleuvait sur les roseaux, et de détonations incessantes.

Le calme ne revint pas tout de suite, et le pauvre volatile fut quelque temps sans oser bouger. Il resta donc coi pendant plusieurs heures, et, après avoir regardé tout autour de lui, il s'éloigna du marais avec toute la vitesse qu'il put déployer ; puis il parvint à franchir les champs et les prairies, malgré un orage qui venait d'éclater.

Vers le soir, il atteignit une pauvre petite cabane

de paysans qui menaçait
ruine, au point qu'il se de-
mandait de quel côté elle
commencerait à crouler.
L'oiseau fugitif se trouva
forcé de s'y arrêter, le temps
devenant de plus en plus
détestable. S'étant aperçu
que la porte était sortie de
ses gonds, et qu'on pouvait
par cette ouverture se glisser
dans l'intérieur, il s'em-
pressa de le faire.

Là demeurait une vieille
femme, qui avait un chat et
une poule. Le premier de
ces animaux, qu'elle appelait son fils, imitait parfai-

tement le bruit d'un rouet;
et de plus, lorsqu'on le
caressait à rebrousse-poil,
on voyait jaillir des étincelles
de sa robe. Quant à la poule,
elle était un peu basse sur
pattes, ce qui la faisait
nommer *courtaude;* elle pon-
dait de bons œufs, et la
vieille l'aimait comme sa
fille.

Le lendemain, la bonne
femme ne tarda pas à aper-
cevoir le nouveau venu,
pendant que le chat faisait
ronron, et que la poule
gloussait. « Qu'est-ce là ? »
s'écria-t-elle en regardant

de tous les côtés ; mais, n'y voyant pas bien clair, elle pensa avoir mis la main sur un canard gras qui s'était fourvoyé. « Bonne capture, se disait-elle ; maintenant j'aurai peut-être des œufs de cane ; nous verrons. »

On attendit trois semaines ; mais les œufs ne se firent point voir. Pendant ce temps-là le chat agissait en maître de la maison, et la poule comme la dame. Ils avaient l'habitude de dire : *Il n'y a que nous dans le monde* ; car ils croyaient en former plus de la moitié, et la meilleure moitié encore. Le caneton se permettait de croire qu'on pouvait avoir une opinion différente; mais la poule ne voulut jamais l'admettre.

« Sais-tu pondre des œufs? » lui demanda-t-elle; et sur la réponse négative du caneton, elle lui dit : « Alors tais-toi.

— Sais-tu filer et jeter des étincelles? » lui demanda le chat à son tour; et sur une réponse semblable, il lui dit : « Alors tu ne dois pas émettre une opinion en présence des gens éclairés. »

Un jour le caneton, tristement blotti dans un coin de la chambre, et d'assez mauvaise humeur, pensa à l'air frais et à la lumière du soleil; et il fut pris d'un tel désir de barboter, qu'il ne put s'empêcher d'en parler à la poule.

« Que te manque-t-il ? lui demanda celle-ci; tu n'as rien à faire, c'est ce qui te rend capricieux; apprends à pondre ou à filer, et tes fantaisies se passeront.

— Ah ! c'est si agréable de nager ! répondit le caneton; de donner une tête dans l'eau, et de plonger jusqu'au fond !

— Oui, en effet, c'est là un singulier plaisir, répliqua la poule. En vérité, il faut que tu sois fou ; demande un peu au chat, qui est la personne la plus sensée que je sache, s'il trouverait de l'agrément à nager et à plonger. Je ne parle pas de moi. Demande même à notre maîtresse, la bonne dame, qui est plus prudente que qui que ce soit au monde ; crois-tu par hasard qu'elle eût jamais l'idée de se mettre à la nage et de donner une tête dans l'eau?

—Vous ne me comprenez pas, dit le caneton tout attristé.

—Si nous ne te comprenons pas, répondit la poule, qui donc te comprendra? Tu ne prétends pas, j'imagine, en remontrer au matou et à la bonne femme, sans me compter? Arrière de pareils rêves, l'ami, et rends grâces au Créateur pour toutes ses bontés. Ne te trouves-tu pas dans une chambre bien chaude, et parmi des personnes qui peuvent faire ton éducation?

Mais tu es un peu bavard, et il ne fait pas bon avoir affaire à toi. Crois-moi, je te veux du bien, et si je te dis des choses peu flatteuses, c'est que tu peux voir en moi une véritable amie.

— Je crois tout ce que tu me dis, répondit le caneton; mais je préfère m'en aller bien loin.

— Eh bien ! soit, » dit la poule.

Le caneton partit donc, et bientôt il se mit à nager et à plonger au fond de l'eau. Mais tous les animaux l'évitaient avec soin et le

persiflaient sur sa diffor-
mité.

L'automne était arrivé ;
les feuilles jaunies de la
forêt, dispersées par le vent,
commençaient à tourner sur
elles-mêmes. L'atmosphère
était chargée de frimas, et
la neige tombait par flocons ;
le corbeau, caché dans la
haie du chemin, faisait entendre un triste croasse-
ment. La position du pauvre
canard devenait fort cri-
tique.

Un soir que le soleil se
couchait environné de sa
brillante auréole, une volée

de grands et magnifiques oiseaux s'éleva du milieu des buissons ; ils étaient remarquables par leur éclatante blancheur, par la longueur et la souplesse de leurs cous ; le caneton n'en avait jamais vu de pareils. C'étaient des cygnes, qui, en faisant entendre des accents harmonieux, s'envolaient des contrées froides vers les pays chauds et les vastes lacs. Ils planèrent à perte de vue, et notre canard fut si émerveillé de ce spectacle, que, tournant dans l'eau sur lui-même, il éleva la tête vers le ciel et poussa un cri étrange qui l'effraya tout le premier.

Ces beaux oiseaux ne lui sortaient pas de l'esprit, depuis qu'ils avaient disparu à travers l'espace. Bien qu'il ne sût pas le nom de ces habitants de l'air, ni la direction qu'ils prenaient, il jugeait leur sort beaucoup meilleur que celui de tout autre animal. Cependant il comprenait qu'il ne pouvait pas approcher d'eux, et il se serait contenté d'être admis parmi les canards ses confrères.

L'hiver devint si rude, que le pauvre oiseau fut forcé de s'exercer continuellement dans l'eau, pour ne pas geler ; à mesure que la glace s'épaississait, il lui fallut agiter incessamment ses pattes pour qu'elles ne fussent pas paralysées par le froid. Enfin, à bout de forces, il demeura immobile sur la surface congelée de l'étang.

Le lendemain matin, un paysan, ayant aperçu le malheureux caneton, brisa la glace avec son sabot, dégagea l'oiseau et le porta à sa

femme, qui le rappela à la
vie. Les enfants voulaient
jouer avec l'oiseau ressus-
cité ; mais celui-ci, se dou-
tant qu'ils allaient le tour-
menter, s'échappa de leurs
mains et tomba dans un
vase plein de lait, qui se
répandit aussitôt dans la
chambre. La femme criait
et battait des mains ; le
caneton alla s'abattre dans
une baratte, puis dans un
tonneau de farine, d'où il
sortit dans un état facile à
imaginer. La femme se mit
de nouveau à crier, et frappa
à terre avec des pincettes ;

les enfants couraient l'un après l'autre en riant et en criant, pour attraper l'oiseau ; celui-ci heureusement, ayant trouvé la porte ouverte, se blottit dans la neige qui venait de couvrir le sol.

Mais il serait trop pénible de raconter toutes les peines et toutes les misères par lesquelles passa le pauvre caneton. Nous nous bornerons à dire que le printemps vint le surprendre caché parmi les roseaux du marais, tandis que les alouettes se réchauffaient au soleil en chantant leur joyeux refrain. Alors il se sentit en état de remuer ses ailes, qui devinrent même plus fortes qu'auparavant, et l'emportèrent d'un vol rapide. Aussi, avant d'avoir pu s'orienter, il se trouva dans un grand jardin où à la douce senteur des pommiers fleuris se joignait l'odeur du sureau, dont les longues branches vertes s'abaissaient à la surface de l'eau.

Le temps était beau et frais, tel qu'on peut l'attendre de cette saison. On vit alors sortir d'un taillis

trois superbes cygnes blancs,
qui, en agitant leurs plumes,
se dirigèrent vers l'eau, où
ils se mirent à nager tout
mollement. Le caneton, qui
connaissait déjà ces magnifiques animaux, fut saisi
d'une tristesse extraordi-
naire. « Je veux, dit-il, aller
trouver un de ces oiseaux
royaux ; ils me tueront peut-
être, il est vrai, pour me
punir de mon audace ; mais
mieux vaut succomber sous
leurs coups, que d'être
pincé par les canards, piqué
par les poulets, bousculé
par les filles de basse-cour,

et d'avoir à supporter dans l'hiver mille privations. »

Il se jeta donc à l'eau, et nagea vers les cygnes, qui, l'ayant aperçu, agitèrent leurs plumes en marchant sur lui.

« Tuez-moi ! » s'écria le pauvre animal ; et il baissa la tête vers l'eau, comme pour recevoir le coup de la mort. Mais, ô miracle ! il aperçut sa propre image dans le miroir liquide, et il vit qu'il n'était plus cet oiseau noir, laid et difforme, mais bien un véritable cygne.

Il n'y a pas de mal à être né dans la cour des canards, quand on finit parmi les cygnes. Aussi le pauvre caneton se réjouissait-il de cette issue à toutes les calamités qu'il venait d'endurer. Alors il reconnaissait tout le bien-être et toute la grandeur de sa nouvelle position. De leur côté, les cygnes, en nageant autour de lui, le caressaient avec leurs becs comme un ami.

En ce moment, quelques petits enfants vinrent au jardin, et ayant jeté dans l'eau du pain et des grains de blé, le plus petit d'entre eux s'écria : « Tiens ! voilà un nouveau venu ! » Les autres enfants répétèrent en criant, en battant des mains et en dansant : « Oui ! un nouveau cygne vient de nous arriver. » Puis ils coururent avertir leurs parents, qui firent encore jeter dans l'eau du pain et des gâteaux, en disant tous : « Le nouvel arrivé est le plus beau de tous ; oh ! il est superbe pour son âge ! » Et à ces mots les vieux cygnes s'inclinèrent devant lui.

Le cygne de fraîche date,

tout honteux de son succès, cachait sa tête sous son aile, ne sachant ce qu'il devait faire. Si heureux qu'il fût de ce qui lui arrivait, il n'en éprouvait cependant pas d'orgueil, car un bon cœur ne s'enorgueillit jamais. Il se rappelait les tribulations dont il avait été victime, et comparait sans amertume ce passé à son triomphe actuel.

Le sureau penchait ses branches vers lui, tandis que le soleil le réchauffait de ses rayons bienfaisants. Alors, agitant ses plumes, il leva son long cou vers le ciel et s'écria du plus profond de son cœur : « Je n'aurais jamais rêvé tant de bonheur, quand je n'étais que le pauvre caneton contrefait. »

MAUVAIS PRINCE

Il y avait une fois un prince méchant et orgueil-leux, qui ne songeait qu'à conquérir tous les pays du monde et à rendre son nom redoutable. Il promenait partout le fer et le feu; ses soldats foulaient aux pieds les récoltes et incendiaient les habitations des paysans; de sorte qu'on voyait les feuilles tomber des arbres, et les fruits se détacher de leurs branches noircies. Plus d'une pauvre mère se réfugia, avec son nourrisson, derrière ses murailles encore fumantes; et si les soldats qui la cherchaient parvenaient à la découvrir, ainsi que son enfant, ils se livraient aux transports d'une joie infernale. Les démons eux-mêmes n'auraient pu déployer plus de méchanceté. Mais le prince trouvait bon qu'il en fût ainsi; sa puissance s'accroissait de jour en jour, son nom était devenu un objet de terreur, et toutes ses entreprises étaient secondées par la fortune. Il rapportait des trésors considérables pris sur les villes conquises, et il amassait dans sa capitale des richesses immenses.

Alors il se fit bâtir de magnifiques châteaux, des temples, des arcs de triomphe, et son peuple, à la vue de tout ce faste, s'écriait : « *Oh ! le grand prince !* » On ne songeait guère à la misère dans laquelle il avait plongé les autres pays ; on n'entendait pas les cris de détresse et de désespoir qui s'élevaient des villes réduites en cendres.

Le prince, en contemplant son or et ses magnifiques palais, pensait comme la multitude, et s'écriait :

« Quel grand monarque je suis ! Mais il faut que je possède encore bien davantage ; il faut qu'aucun autre potentat ne puisse se dire non-seulement mon supérieur, mais même mon égal. »

Il fit donc la guerre à

tous ses voisins, et il les soumit tous.

Lorsqu'il parcourait les rues, il faisait attacher à son char avec des chaînes d'or les rois vaincus ; et lorsqu'il était assis à table, ses nobles prisonniers étaient forcés de se prosterner aux pieds du prince et de ses courtisans, pour ramasser les miettes qu'on leur jetait.

Ensuite il se fit ériger des statues sur les places publiques et dans les châteaux royaux ; il tenta même d'en faire placer dans les églises et devant les autels du Seigneur ; mais les prêtres lui dirent : « Prince ! tu es grand ; mais Dieu est encore plus grand ; nous ne pouvons faire ce que tu demandes.

— Eh bien, dit le mauvais prince, je soumettrai donc Dieu lui-même. »

Puis, dans son orgueil et dans son extravagance, il fit construire à grands frais un immense vaisseau, destiné à fendre les airs. Ce navire offrait toutes les couleurs dont brille la queue du paon, avec tous les yeux

qui la parsèment; mais chacun de ces yeux était une
bouche de canon. Le prince,
assis au milieu de ce vaisseau, n'avait qu'à pousser
une détente, et aussitôt
mille boulets étaient vomis
par ces bouches, et les ca-
nons restaient chargés
comme auparavant. Une
centaine d'aigles d'une large
envergure ayant été atta-
chés à la poupe du vais-
seau, il s'envola ainsi dans
la direction du soleil. La
terre se trouvait bien loin
au-dessous de lui; elle parut
d'abord, avec ses montagnes

et ses forêts, comme un sol
labouré où la verdure se
montre çà et là, comme des
pièces de gazon dans un
champ. Plus tard, elle res-
semblait à une carte avec
les lignes qui y sont tracées.
Bientôt enfin elle se perdit
sous les nuages et les brouillards.

Les aigles s'élevaient toujours de plus en plus.

Alors Dieu envoya à sa
rencontre un ange détaché
de son innombrable légion.
Le mauvais prince fit contre
lui une décharge de bou-
lets; mais ils retombèrent

comme grêle, amortis sur les ailes du céleste messager. Une seule goutte de sang coula de l'aile blanche de ce dernier sur le vaisseau que montait le roi. Brûlante comme le feu, et aussi lourde qu'un poids de cent milliers, elle brisa le vaisseau et le précipita vers la terre. Les ailes des aigles se brisèrent ; les vents et les brouillards qui s'élevaient des villes incendiées, entourèrent la tête du prince en prenant des formes effrayantes. C'étaient des écrevisses gigantesques qui étendaient vers lui leurs griffes puissantes ; ou des rochers roulants qui menaçaient de le broyer ; ou des dragons qui vomissaient des flammes. Le roi, à demi mort, était couché au fond du vaisseau, qui finit par rester suspendu aux branches d'un gros arbre de la forêt.

« Je veux soumettre Dieu, je l'ai juré ; ma volonté se fera, » criait-il. Et pendant sept ans il s'occupa de la construction d'un autre vaisseau, également destiné à naviguer dans les airs. Il fit

forger des foudres de l'a-
cier le plus dur, afin, se
disait-il, de faire tomber les
remparts du ciel. Il réunit
dans tous ses domaines de
nombreux guerriers qui,
rangés en bataille, occu-
paient une étendue de plusieurs milles. Ces troupes
montèrent à bord des na-
vires, et le roi lui-même
s'apprêtait à gagner le sien,
lorsque Dieu envoya un
essaim de moucherons, un
seul petit essaim. Ces mou-
ches se mirent à piquer le
visage et les mains du roi
qui, furieux, leva son épée;

mais il ne frappa que le vide, sans pouvoir atteindre son imperceptible ennemi.

Alors il se fit apporter de précieux tapis, et s'en fit envelopper pour qu'aucun de ces insectes ne pût le percer de son aiguillon. Ses ordres furent exécutés; mais une mouche, s'étant glissée dans l'intérieur du tapis, pénétra dans l'oreille du roi, et le piqua si fort qu'il en fut comme brûlé par le feu. Le mal ayant bientôt gagné le cerveau, on vit le roi se déchirer, se tordre sur ses tapis, mettre ses habits en

lambeaux, et danser au milieu de ses soldats sauvages
et abrutis. Ces derniers se
moquèrent d'un prince qui,
ayant voulu soumettre Dieu,
fut vaincu par un petit mou-
cheron.

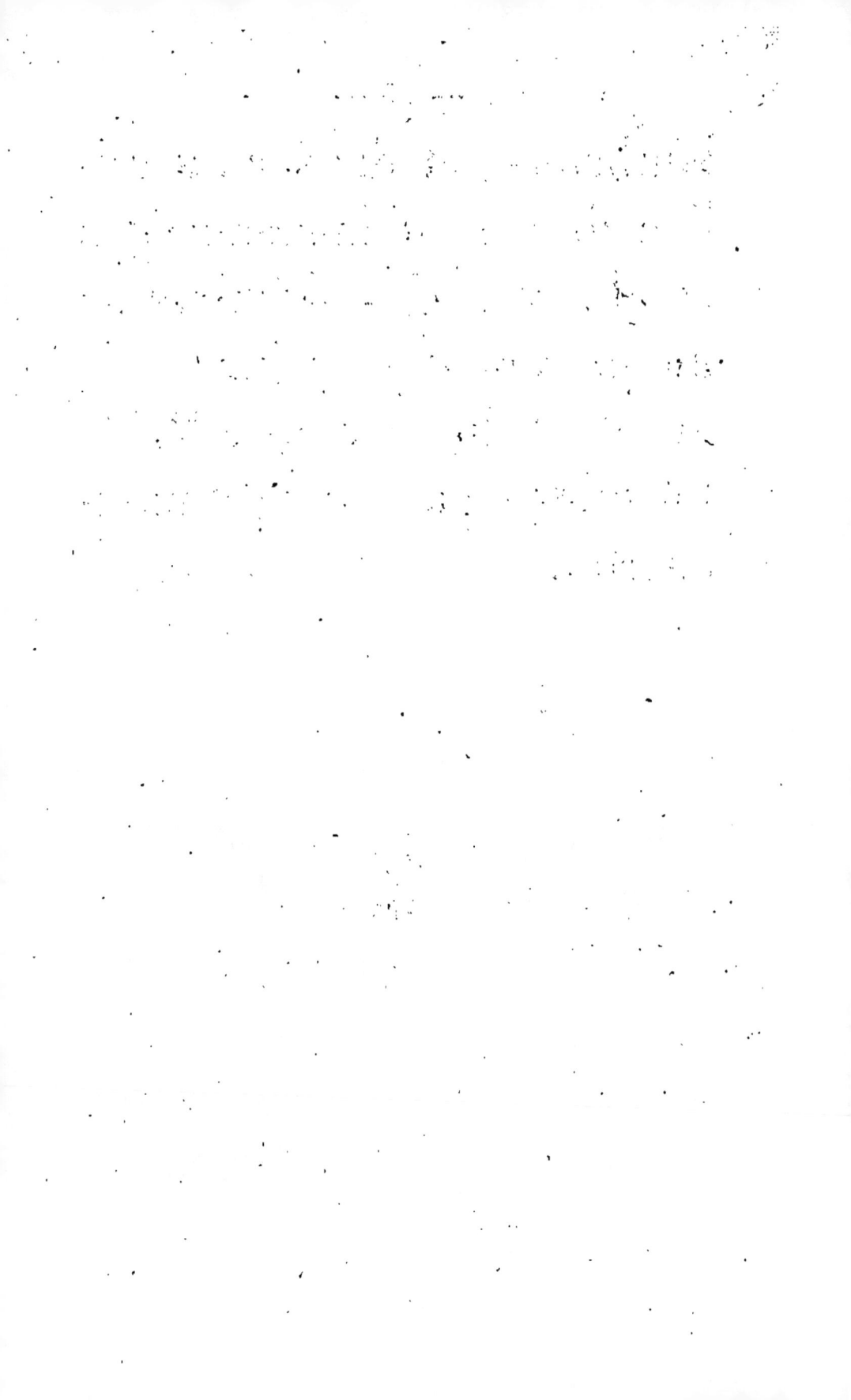

LES

SOULIERS ROUGES

───◦○◦───

Il y avait dans un village une petite fille bien jolie, mais très-pauvre. Elle était forcée de marcher toujours pieds nus en été, et de porter l'hiver de gros sabots; aussi ses pieds étaient-ils très-rouges, ce qui faisait peine à voir.

Au milieu du village demeurait une vieille femme, cordonnière de profession ; elle fit, comme elle put, avec des restes d'étoffe rouge, une paire de souliers. Quoique grossièrement confectionnés, on les trouva assez bons pour être portés par la petite fille, qui s'appelait Catherine.

Elle les reçut le jour même où sa mère allait être portée en terre, et ce fut alors qu'elle les mit pour la première fois. Ils étaient loin par leur couleur d'indiquer un deuil ; mais comme la petite fille n'avait pas le choix, elle en couvrit ses pieds nus et suivit ainsi chaussée le pauvre cercueil.

En ce moment-là passa une belle voiture, où se trouvait une dame grande et âgée. Celle-ci, ayant aperçu la petite fille, s'apitoya sur son sort, et dit au prêtre : « Donnez-moi cette petite fille, j'en aurai soin. »

Catherine attribua cet effet à ses souliers rouges ; mais elle se trompait beaucoup, car la vieille dame les trouva horribles ; si bien qu'ils furent jetés au feu.

On donna à Catherine des vêtements propres et convenables. Elle apprit à lire et à coudre. On lui disait bien qu'elle était jolie ; mais la glace semblait lui dire : « Tu es plus que jolie, tu es belle. »

Un jour la reine de ce pays visitait ses États ; elle était accompagnée de sa jeune fille. La foule, y compris Catherine, se pressait autour de cette petite princesse, qui, vêtue d'une robe blanche d'étoffe fine, se montrait sur le balcon. Elle n'avait pas de queue à sa robe, pas de couronne d'or, mais portait aux pieds des souliers de maroquin rouge. Ils étaient à la vérité plus beaux que ceux qu'avait jadis portés Catherine; et il n'y a rien au monde qui puisse être comparé à de jolis souliers rouges.

Bientôt Catherine fut assez grande pour se préparer à sa première communion. A cette occasion on lui fit faire des robes neuves, et elle dut aussi avoir d'élégants souliers neufs.

Un riche cordonnier de la ville lui prit mesure de

son petit pied, dans sa boutique, au milieu des rayons vitrés qui garnissaient toute la chambre, et qui étaient remplis de souliers de tout genre et de bottines vernies.

L'assortiment était des plus complets; mais comme la vieille dame n'y voyait pas bien, elle demeura indifférente à toutes ces beautés.

Dans toutes ces paires de souliers il y en avait une de rouges, qui ressemblaient beaucoup à ceux que portait la jeune princesse, et qui

étaient aussi jolis. Le cordonnier déclarait les avoir
faits pour un enfant de
grande famille; mais ils n'a-
vaient pu aller à son pied.

Catherine les essaya;
après quoi ils furent ache-
tés. La vieille dame ne savait
pas de quelle couleur ils
étaient; autrement elle n'au-
rait pas permis à Catherine
de les porter pour aller
recevoir la confirmation; ce
fut précisément là ce qu'elle
fit.

Tout le monde regardait
ses petits pieds; et lorsqu'elle entra dans l'église,

il lui sembla que toutes les statues placées dans leurs niches fixaient elles-mêmes les yeux sur cette chaussure voyante. Aussi n'eut-elle pas d'autre pensée lorsque le prélat lui administra le sacrement, lui parla de sa nouvelle alliance avec Dieu, et des nouveaux devoirs qu'elle contractait comme chrétienne. En attendant, l'orgue jouait, et les jolies voix des enfants réunies à celles des vieux chantres se faisaient entendre, que Catherine pensait toujours à ses souliers rouges.

Dans l'après-midi, ayant appris de la bouche de plusieurs des assistants que Catherine avait porté des souliers rouges, la vieille dame se récria sur une telle inconvenance, qui, disait-elle, ne pouvait se tolérer davantage. Elle décida que désormais Catherine n'irait plus à l'église qu'en souliers noirs, fussent-ils même vieux et usés.

Le dimanche suivant était un jour désigné pour la sainte communion. Catherine regarda successivement ses souliers noirs et les rouges, et résolut de mettre ceux-ci.

Le soleil était brillant ce jour-là, et pas un nuage ne voilait le ciel. Pour se rendre à l'église, Catherine et la vieille dame suivirent un sentier à travers les blés, où il y avait beaucoup de poussière.

Devant la porte de l'église se tenait un pauvre invalide, appuyé sur une béquille, portant une barbe extrême- ment longue et rouge plutôt que blanche ; il s'inclina jusqu'à terre et demanda à la vieille dame la permission

de lui essuyer ses souliers ;
ce qu'elle accepta. Catherine, à son tour, ayant aussi
présenté ses petits pieds,
le soldat lui dit : « Oh !
quels beaux souliers pour
danser ! mais tenez-vous bien
quand vous danserez. » Et il
frappa avec la main sur la
semelle.

La vieille dame, ayant
donné au soldat une au-
mône, entra avec Catherine
dans l'église.

Tous les assistants, y
compris les statues, se mirent à regarder les souliers
rouges de Catherine, qui

n'eut pas d'autre pensée non - seulement en s'age-nouillant devant l'autel, mais encore en approchant ses lèvres du saint ciboire, où ils lui paraissaient se refléter ; elle en oublia jus-qu'à ses prières, et ne prêta nulle attention aux paroles édifiantes de l'évêque.

Après l'office, tout le monde sortit de l'église, et la vieille dame remonta dans sa voiture.

Quant à Catherine, en levant le pied pour y mon-ter aussi, elle entendit le vieux soldat s'écrier : « Les beaux souliers de bal ! » Ce mot lui donna l'idée de faire quelques pas ; et une fois en mouvement ses jambes continuèrent à danser, comme si les souliers eussent été munis d'un mécanisme propre à les faire mouvoir.

On voyait donc la jeune fille danser autour de l'église ; et comme elle ne s'arrêtait pas, le cocher fut obligé de courir après elle et de l'emporter dans ses bras. Il la déposa dans la voiture ; mais ses jambes s'agitaient toujours, au point

3*

que la bonne vieille dame
dut la maintenir avec force.
Enfin, les souliers ayant été
retirés, les jambes se tinrent
en repos.

Au retour, on serra les
souliers dans une armoire ;
mais Catherine ne pouvait
s'empêcher de les regarder
à tout moment.

Plus tard, la vieille dame
tomba malade ; on disait
qu'elle ne guérirait pas. Elle
avait besoin d'être soignée
et servie. Personne ne con-
venait mieux pour cela que
Catherine.

Cependant il se donna

en ville un grand bal, au-
quel Catherine fut invitée.
Elle regardait alternative-
ment la vieille dame, qui,
disait-on, ne pouvait en
revenir, et les souliers
rouges. Elle pensait que ce
n'était pas un grand mal
que de les mettre; elle prit
donc ce parti, et, s'étant
rendue au bal, elle com-
mença à danser.

Mais il arriva que lors-
qu'elle voulait tourner à
droite, les souliers tour-
naient à gauche; et lors-
qu'elle voulait aller en avant,
ils la menaient en arrière;

si bien qu'elle arriva à l'escalier, puis à la rue, puis enfin à la porte de la ville. Elle fut forcée de se conformer à la fantaisie de ses souliers, et d'aller toujours dansant jusqu'au milieu d'une sombre forêt.

Cette danse durait encore, quand une lumière brilla à travers les feuilles des arbres. La jeune fille, apercevant un visage, pensa que c'était la lune; mais, s'étant approchée davantage, elle reconnut le vieil invalide à la barbe rouge qui était assis là, et qui lui dit avec certain signe de tête : « Oh ! les beaux souliers de danse ! » Catherine, effrayée, voulut retirer ses souliers ; mais ils tenaient bon, quoique dans ses efforts elle eût déchiré ses bas. Comme ils restaient fixés à ses pieds, elle était condamnée à danser à travers les champs et les prairies, par la pluie ou à l'ardeur du soleil, le jour ou la nuit ; et c'était cette danse nocturne qui la contrariait plus que toute autre chose.

Elle dansa jusque dans le cimetière et sur les tombes,

quoique les morts ne dan-
sent guère et qu'ils aient
mieux que cela à faire. Elle
voulut se poser sur la tombe
d'un pauvre, où croissaient
des herbes sauvages ; mais
il lui fut impossible d'y
trouver un moment de
repos.

Arrivée en face de la
porte de l'église ouverte,
elle y aperçut un ange vêtu
d'habits blancs et portant
de grandes ailes qui s'étendaient de ses épaules jusqu'à
terre ; son visage était sé-
vère, il tenait à la main une
épée longue et brillante.

« Ta destinée est de danser, dit-il, avec tes souliers rouges jusqu'au moment où tu deviendras pâle et froide; jusqu'à ce que ta peau s'unisse à tes os et que tu deviennes comme un squelette; tu danseras devant toutes les portes des maisons où demeurent des enfants orgueilleux; tu frapperas pour qu'ils t'entendent et qu'ils reculent à ta vue avec épouvante. Allons, danse.

— Grâce ! » s'écria alors Catherine. Mais elle ne put entendre la réponse de l'ange ; car ses souliers la conduisirent aussitôt dans un champ, à travers des sentiers tortueux, et partout forcée de danser.

Un matin, la jeune fille dansait devant une porte qui lui était bien connue. A l'intérieur on chantait des psaumes, et l'on en emporta un cercueil orné de fleurs. Elle apprit alors que la vieille dame était morte ; elle se vit donc non-seulement abandonnée de tout le monde, mais de plus maudite par l'ange du ciel.

Une fois qu'elle dansait

par une nuit sombre, ses souliers la menèrent sur un tas d'épines, et elle s'y blessa jusqu'au sang. En dansant sur des broussailles, elle arriva à une petite maison isolée où demeurait le bourreau; elle frappa aux carreaux en disant :

« Sortez, je vous prie, je ne puis entrer, car il faut que je danse. »

Et le bourreau lui répondit : « Tu ne sais pas qui je suis; je coupe la tête aux hommes méchants, et je les marque d'un fer rouge.

— Ne me coupez pas la tête, dit Catherine, car je ne pourrais pas me repentir de mes péchés; coupez-moi seulement les jambes avec les souliers rouges. »

Puis elle lui confessa toutes ses fautes, et le bourreau lui coupa ses jambes avec ses souliers rouges. Cependant on voyait encore les souliers danser avec les petites jambes à travers les champs et jusque dans la forêt voisine. Le bourreau lui tailla des jambes de bois et des béquilles, et lui apprit un des psaumes de la pénitence. Puis la jeune fille, après avoir baisé en signe de remerciement la main qui avait tenu la hache, se retira dans les bruyères.

J'ai assez souffert, se dit-elle, pour ces souliers rouges; je vais maintenant me rendre à l'église pour pouvoir y être vue de tout le monde. Elle se dirigea donc rapidement vers la porte de l'église; mais, arrivée là, elle fut fort effrayée en voyant ses souliers rouges danser devant elle; elle recula et rebroussa chemin.

Toute la semaine elle fut très-attristée et versa des larmes amères ; mais, le dimanche arrivé, elle se dit : J'ai assez souffert et assez combattu, pour me croire maintenant aussi bonne que les personnes qui sont là dans l'église et qui assistent tranquillement à l'office.

Alors elle s'achemina courageusement ; mais, à peine arrivée à la porte du temple, elle aperçut les souliers rouges qui dansaient devant elle; elle ne put soutenir leur vue, et s'en retourna, pénétrée d'un profond repentir pour ses péchés.

De là Catherine se rendit à la maison du curé. Elle le pria de vouloir bien lui trouver une place, promettant d'être zélée et de faire tous ses efforts pour contenter ses maîtres ; elle ne tenait pas aux gages, elle désirait seulement trouver un gîte et de braves gens. Le curé eut pitié d'elle ; il la plaça comme servante, et la jeune fille se montra assidue et laborieuse. On la voyait le soir, silencieuse et recueillie, entendre avec ferveur la lecture de la Bible. Les petits enfants avaient beaucoup d'affection pour elle; quand ils lui parlaient de parure, de charmes et de beauté, elle secouait tristement la tête.

Un dimanche, en allant à l'église, ils lui demandèrent si elle ne voudrait pas les accompagner. Mais elle tourna ses yeux mornes et remplis de larmes vers ses béquilles ; et les enfants allèrent seuls entendre la voix divine. Quant à la jeune fille, elle se retira dans sa petite chambre, où il ne tenait que le lit et une chaise. Elle s'assit, et lut dans son livre de prières. Puis, entendant les sons de l'orgue de l'église qui arrivaient jusqu'à elle, et levant son visage baigné de larmes, elle s'écria : « Que le bon Dieu me vienne en aide ! »

Alors le soleil devint brillant, et un ange du ciel, vêtu de blanc, se présenta devant la jeune fille ; c'était le même qu'elle avait aperçu une nuit à la porte de l'église ; mais, au lieu d'une épée menaçante, il tenait une longue branche verte chargée de roses.

Il toucha avec cette branche le plafond, qui s'enleva comme par enchantement ; et partout où il approchait cette branche, on voyait aussitôt briller une étoile d'or. Enfin, l'ange toucha les murailles, et elles tombèrent. Catherine put donc voir l'orgue qu'elle entendait, ainsi que les statues de saints et de saintes ; elle vit aussi les fidèles rangés dans le temple et chantant des cantiques. L'église semblait s'être rapprochée de la petite chambre qu'habitait la pauvre fille, et celle-ci se trouvait mêlée aux paroissiens.

Après l'office, les femmes qui l'aperçurent lui firent signe, et lui dirent : « C'est très-bien à vous, Catherine, d'être venue.

— C'est une grande grâce que le Seigneur m'a faite, » répondit la jeune fille.

L'orgue résonna de nouveau, et les voix des enfants de chœur firent entendre leurs chants doux et mélodieux. En même temps le soleil, pénétrant à travers

la fenêtre, inonda la jeune
fille de sa lumière. Le cœur
de Catherine se trouva tellement débordé par le bonheur et l'ivresse de la joie,
qu'il se brisa. Son âme s'envola sur un des rayons du
soleil brillant, jusqu'au
trône du Tout-Puissant, et
là personne ne se trouva
pour lui rappeler les souliers
rouges.

LES

CIGOGNES

A l'extrémité d'un petit village, sur le haut d'une maison, des cigognes avaient fait leur nid. Là on pouvait voir la mère et ses quatre petits, levant leur bec qui n'avait pas encore passé du noir au rouge.

A peu de distance était le père, planté debout sur le toit, avec une patte repliée sous lui. Sentinelle vigilante et infatigable, on eût dit un oiseau de bois, tant il se tenait immobile.

On se figure sans doute, se disait-il, que ma femme a les honneurs d'un factionnaire devant son nid ; les petits eux-mêmes, qui ne savent peut-être pas que je suis le mari de leur mère, croient qu'on m'a ordonné de stationner ici.

Et il continuait à se tenir perché sur une patte.

. En ce moment-là une bande d'enfants était à jouer dans la rue. Ils aperçurent les cigognes. L'un d'eux, le chef de la bande, se mit à entonner la vieille chanson sur les cigognes, que les autres répétèrent en chœur :

« Cigogne, cigogne, vole, « et ne reste pas ainsi sur « une patte.

« Ta femme est dans le « nid, où elle soigne ses « petits.

« L'un d'eux est perdu ; « l'autre doit être pendu ;

« Le troisième sera occis,

« et l'on étranglera le qua-
« trième. »

« Écoutez donc, disaient
les petites cigognes, ce que
chantent ces garçons ; ils
disent que nous allons être
perdus et pendus.

— Ne vous inquiétez pas,
dit la mère ; n'écoutez pas
cette chanson, qui du reste
ne vous fera aucun mal. »

Mais les enfants conti-
nuèrent à chanter, et se
mirent à exciter les cigognes avec leurs mains. Un
seul d'entre eux, nommé
Pierre, soutenait qu'il était
injuste de vexer les ani-

maux, et ne voulait plus rester en la compagnie de ses camarades.

La mère des cigognes, de son côté, consolait ses petits en disant : « Ne vous chagrinez pas ; voyez comme votre père est tranquille, quoique posé sur une seule patte.

— Nous avons grand'peur, » répondirent les petits, et ils cachèrent leurs têtes dans le nid.

Le jour suivant, les enfants, s'étant réunis de nouveau pour jouer, aperçurent

les cigognes, et ils chan-
tèrent :

« L'un d'eux va être per-
« du ; l'autre sera pendu. »

« Serons-nous donc per-
dues et pendues ? deman-
dèrent les petites cigognes
à leur mère.

— Non, certainement
non, dit-elle. Il faut que
vous appreniez à voler ; je
vais vous y exercer. Nous
volerons d'ici à la prairie,
et nous rendrons visite aux
grenouilles, qui se cachent
dans l'eau en criant : *koak !*
koak ! koak ! Puis nous les
mangerons, ce qui nous

procurera un véritable plaisir.

— Et après? demandèrent
les petits.

— Après, les cigognes
qui se trouvent dans ce pays
se réunissent et commen-
cent les manœuvres d'au-
tomne. C'est alors qu'il faut
bien voler; cela est d'autant
plus important que le général donne un coup de bec
à quiconque ne vole pas
comme il faut. Tâchez donc
de bien apprendre quand
l'exercice aura commencé.

— Pourtant, s'écrièrent
les petits, nous devons être

étranglés, ainsi que le disent les garçons ; tenez, les voilà qui recommencent leur chanson menaçante.

— Écoutez - moi plutôt qu'eux, dit la mère. Après les grands exercices nous nous envolons vers les pays chauds bien éloignés d'ici, en passant par-dessus montagnes et forêts. Nous irons en Égypte, où l'on voit ces édifices bâtis en pierres et en triangles, dont le sommet s'élève jusqu'aux nuages, et qu'on appelle pyramides ; elles sont d'une ancienneté qui dépasse l'imagination d'une cigogne. C'est là qu'il y a un grand fleuve dont le débordement change la terre en limon. C'est là que nous mangerons des grenouilles.

— Oh ! s'écrièrent les petits.

— Oui, cela est magnifique, reprit la mère. On ne fait là toute la journée que manger. Et tandis que nous serons si heureux en Égypte, il n'y aura dans ce pays-ci aucune feuille verte sur les arbres, et le sol sera incessamment couvert d'un brouillard glacial qui tombera par flocons. » C'était de la neige qu'elle voulait parler, mais elle ne put s'exprimer plus clairement.

« Et les vilains garçons sont-ils alors gelés ? demandèrent les petites cigognes.

—Non, répondit la mère, ils ne gèlent pas comme les brouillards; mais leur sort n'en est pas beaucoup meilleur. Ils sont alors forcés de garder leurs chambres bien sombres, tandis que vous, au contraire, vous vous rendez dans un pays où il y a des fleurs et un soleil chaud. »

Au bout de quelque temps, les petits devinrent assez grands pour pouvoir se tenir debout dans le nid, et regarder bien loin autour d'eux. Le père venait chaque jour apportant de belles grenouilles, de petits serpents et autres friandises qu'il avait pu ramasser. Puis il leur enseignait des tours d'adresse : il posait sa tête sur sa queue ; il faisait claquer son bec comme une crécelle ; et il leur racontait des historiettes, toutes empruntées aux mœurs des habitants des marais.

« Attention ! maintenant, leur dit un jour la mère, vous allez apprendre à voler. » Alors les quatre petits furent obligés de gagner le toit. Que de fois on les vit chanceler, battre l'air d'un vol incertain, menacés d'une chute presque inévitable !

« Regardez-moi, dit la mère ; c'est comme cela qu'il faut tenir la tête, puis les pattes. Un, deux ! voilà qui vous sera utile dans le monde. » Alors elle vola un peu, et les petits firent un saut sans se soutenir ; mais, hélas ! ils tombèrent, leurs corps étant trop lourds pour leurs ailes.

« Je ne veux pas voler ! dit l'un des petits ; j'aime mieux renoncer aux pays chauds ; » et il remonta tout doucement au nid.

« Veux-tu donc geler ici cet hiver ? veux-tu être pendu, tué et mis à la broche par les méchants garçons ? dit la mère.

— Oh non ! » répondit la jeune cigogne. » Et elle sauta de nouveau sur le toit comme les autres. Le troisième jour déjà elles vo-

laient un peu, et elles cru-
rent pouvoir planer et fendre
l'air ; mais s'étant élevées
un peu, elles furent obli-
gées, pour se soutenir, de
remuer leurs ailes. En même
temps parurent les enfants
au bas de la rue, qui en-
tonnèrent leur chanson :

« Cigogne, cigogne, vole
« donc ! »

« Que ne descendons-
nous pour leur arracher les
yeux ? demandèrent les petits.

— Non, laissez-les faire,
dit la mère ; écoutez-moi,
c'est plus important ! Un,

deux , trois ! Maintenant à droite : un, deux, trois ! Maintenant à gauche autour de la cheminée. Allons, le dernier tour a été si bien exécuté, que demain vous aurez la permission de venir avec moi au marais, pour y recevoir votre récompense. Vous trouverez là plusieurs nouvelles familles de cigognes; montrez-leur que vous êtes les plus adroits et que je puis m'enorgueillir d'être votre mère.

— Et les vilains garçons, est-ce que nous n'en tire-rons pas vengeance ? de-

mandèrent les jeunes cigognes.

— Laissez-les crier tant
qu'ils voudront, répondit la
mère ; cela ne vous empê-
chera pas de traverser les
nuages et d'arriver au pays
des pyramides, tandis qu'ils
n'auront ni une feuille verte
pour récréer leur vue, ni
une pomme à mettre sous
la dent.

— Si, si ! nous voulons
nous venger, » murmurè-
rent-ils de concert. Puis
l'exercice commença.

Parmi tous les jeunes
garçons de la rue, il n'y en

avait pas de plus ardent à
chanter la chanson mo-
queuse que celui qui l'avait
entonnée d'abord. C'était un
tout petit enfant ayant six
ans au plus. Les jeunes cigognes le croyaient sans
doute âgé de cent ans,
parce qu'il était beaucoup
plus grand que leur mère
et leur père ; que savaient-
elles, d'ailleurs, sur l'âge
des enfants ou celui des
hommes ? Leur vengeance
était donc dirigée contre
ce garçon parce que c'était
lui qui avait donné le
branle. Les jeunes cigo-

gnes étaient dans un état d'irritation croissante, tel que la mère dut leur promettre une vengeance certaine pour le dernier moment de leur séjour dans le pays.

« Nous verrons d'abord, dit-elle, comment vous vous conduirez au grand exercice. Si vous vous comportez assez mal pour que le général vous perce la poitrine avec son bec, les enfants auront raison, du moins sur ce point. Maintenant occupons-nous un peu de cet exercice.

— Oui, mère, vous avez raison, » répondirent les petits ; et ils se donnèrent tant de peine en s'exerçant chaque jour, et finirent par voler si bien et si légèrement, que cela devint pour eux comme un amusement des plus ordinaires.

Ensuite, l'automne étant venu, toutes les cigognes commencèrent à se rassembler afin d'aller passer l'hiver dans les pays chauds. Pour voir celles qui pouvaient bien voler, il fallait s'exercer au-dessus des villages et des forêts ; car le voyage

qu'elles allaient entrepren-
dre était très-long. Les
jeunes cigognes manœuvrè-
rent si bien avec les grenouilles et les serpents,
qu'elles obtinrent un prix
dans ce genre d'exercice;
c'est-à-dire qu'elles furent
autorisées à manger des
grenouilles et des serpents,
tâche du reste qu'elles ne
manquèrent pas de remplir
consciencieusement.

« Maintenant, dirent-elles,
il est temps d'accomplir
notre vengeance.

— Oui sans doute, ré-
pondit la mère, j'y pensais.

Je connais l'étang auprès duquel on dépose tous les enfants pour qu'une cigogne les apporte à leurs parents. Les jolis petits garçons y dorment si agréablement , qu'un sommeil comme celui-là ne peut plus se renouveler pour eux. Tous les parents désirent avoir un pareil enfant , et chaque enfant désire avoir un frère ou une sœur. Nous allons donc voler vers l'étang, pour emporter un de ces enfants qui n'a pas chanté la mauvaise chanson et n'a pas vexé les cigognes.

— Mais que ferons-nous de ce vilain, de ce détestable garçon qui avait commencé à chanter ? criaient les petites cigognes.

— Il se trouve, dit la mère, auprès de cet étang un enfant mort-né ; nous le prendrons à la place de ce garçon. Il pleurera alors de ce que nous lui aurons apporté un frère privé de vie. Vous n'avez pas oublié ce bon petit garçon, qui disait : « Ce n'est pas bien de « vexer les animaux. » Nous lui apporterons, à lui, un frère et une sœur; et comme il s'appelait Pierre, vous allez vous appeler tous *Pierre.* »

Cela se fit comme la mère l'avait dit ; toutes les cigognes s'appelèrent Pierre, et ce nom leur est resté.

FIN.

TABLE

———◇———

❀

Tours, imp: MAME.

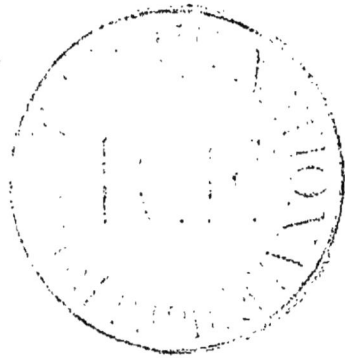

www.ingramcontent.com/pod-product-compliance
Lightning Source LLC
Chambersburg PA
CBHW072100090426
42739CB00012B/2826